창조문학대표시인선 · 266

고난묵상 신앙시집 4

하나님의 고난

신영미 시집

창조문학사

시인의 말

이 땅에 살면서
고난 없이 살아가는 이는 아무도 없을 것이다.
그런데 창조주이신 하나님께서
우리 앞서 그 고난의 길을 먼저 걸어가셨다.
내게 당한 고난이 바로
하나님의 고난임을 알고 있는가.

하나님께서는 지금 이 시간에도
사랑하는 자녀들의
눈물로 지새우는 수없는 밤을
온몸으로 고스란히 받아내고 계신다.
그 은혜로, 내가 구원을 받았고
그 은혜로, 내가 오늘도 살아간다.
이를 깨달을 때에
어떤 절망적인 상황 속에서도
먼저 그분의 뜻을 구하며
감사와 소망으로 다시 일어설 수 있다.

세상을 사는 동안
우리 모두는 원치 않아도
고난의 파도와 맞서 싸워나가야 한다.
그러나 그리스도인의 고난 뒤편에는

주님의 더 큰 은혜가 감춰져 있음을 아는가.

고난 중에 있는가. 감사하라!
고난은 축복이다.
그분이 하실 일을 기대하며
그분 앞에 엎드리라!
어디든 주님이 계신 곳이 가장 안전하고
천국으로 가는 지름길이다.

부족한 이 시편들을 통해
주님을 알지 못하는 수많은 이들이
고난 가운데 신음하고 있는 이들이
내가 만난 주님을 만나고
내가 받은 한없는 그 은혜를
나처럼 값없이 누리게 되기를 소망한다.

"근심하는 자 같으나 항상 기뻐하고
가난한 자 같으나 많은 사람을 부요하게 하고
아무것도 없는 자 같으나 모든 것을 가진 자로다"
(고린도후서 6:10)

2018년 9월
가을 들녘에서
신영미

차 례

하나님의 고난

더 큰 은혜 2

하나님의 고난

무릎으로 가는 길 3

하나님의 고난

내게로 오라 1

"시험을 참는 자는 복이 있나니
이는 시련을 견디어낸 자가
주께서 자기를 사랑하는 자들에게 약속하신
생명의 면류관을 얻을 것이기 때문이라"
(야고보서 1:12)

"믿음의 주요
또 온전하게 하시는 이인 예수를 바라보자
그는 그 앞에 있는 기쁨을 위하여 십자가를 참으사
부끄러움을 개의치 아니하시더니
하나님 보좌 우편에 앉으셨느니라"
(히브리서 12:2)

광야는 우리 모두에게 온다

I

광야는 우리 모두에게 온다
때로는 물질로, 질병으로
인간관계로, 직장문제로, 신앙문제로
예기치 않게 갑자기 찾아온다

이 광야에서는
스스로는 어떤 대책도 세울 수 없다
그때그때 부어주시는
은혜를 구하며
그분만을 바라보며 걸어가야 한다

메마름을 통해
부족함을 통해
오직 그분만을 찾도록
훈련하는 곳이다.

하루하루
그분이 주셔야만
마른 목을 축일 수 있고
주린 배를 채울 수 있는 곳
그분이 공급해 주셔야

살아갈 수 있는 곳이
바로 광야이다

그래서 광야에서는
더욱 그분을
구하고 찾고 바라보아야 한다
그분의 도우심이 없으면
한순간도 살아갈 수 없기 때문이다

Ⅱ
사람들이 찾지 않는 곳
끝이 보이지 않는 곳
엎드려야 보이고
무릎을 꿇어야 건널 수 있는 곳

그곳에서 내가 할 수 있는 일은
아무것도 없다
다만 그분만을 구해야 한다
광야는 그런 곳이다.

그러나
우리 앞서 광야를 지나왔던
수많은 믿음의 선진들의
뜨거운 응원을 받으며

나보다도 더 나를 믿고 지지하시는
그분과 함께
매일매일
행복하게 걸어가는 곳이
광야 길이다

그 광야는
우리 모두에게 반드시 찾아온다

지금은 다 이해할 수 없어도

I

때로는 가야 할 길이
뚜렷이 보이지 않고
지금은 다 이해할 수 없어도
묵묵히
당신만을 바라보며
당신을 찾고 구하게 하소서

때가 되면 밝히 알 수 있으리니
당신이 정하신 그 길을
머뭇거리지 말고
똑바로 걸어가게 하소서

약속의 말씀 따라
멈춰야 할 때를 알고
가야 할 길을 분명히 알고
확고한 믿음과
거짓 없는 사랑으로
끝까지
이 길을 걸어가게 하소서

당신의 은혜 없이는
단 한 순간도 살아갈 수 없는 우리들
당신이 걸어가신
십자가의 길을 따라
그 지시하시는 곳으로
두려움 없이 오르게 하소서

II
모든 일에는
다 이유가 있습니다

때로는
이해할 수 없는 상황을 통해
예기치 않은 일을 통해
당신밖에는 아무데도 기댈 수 없는
막막한 광야 길로
몰아가기도 하시지만, 이내
거기가 내가 있어야 할 자리임을
깨닫게 하십니다

혹독한 시련을 통해
당신 앞에 오래 머물게 하시고,
세미한 음성을 통해
좁고 협착한 생명 길로 인도하시며,
당신의 사랑 받는 자녀임을
확증해 주십니다

사랑으로
오직 사랑으로
당신이 기뻐하시는
당신 마음에 합한 신실한 일꾼으로
정금과 같이 단련해 가십니다

언제 어디서든
당신과 함께하는 이 길이
가장 안전하고
행복한 여정임을,
오늘 다시
시와 찬미로 노래하게 하십니다

네 마음을 지키라

내 안에
의심이 밀려올 때
염려가 올 때
두려움의 큰 파도가 덮쳐올 때
너는 무엇보다
더욱 네 마음을 지키라

마음의 둑을 다지고
낙심된 심령을
믿음으로 일으키라

하늘의 것을 버리고
이 땅에 오신 주님처럼
나도 이 땅의 것을 버려야
하늘 계단을 오를 수 있네

주님
지금 내 안에 계시네

내 영혼아,
오직
주님만을 바라보라
주님만을 바라보라

주를 향한 갈망이
내 마음을 요동치 않게 하네

그때야말로

누구나 자기 십자가가 있네
주님을 따르는 자는
자기를 부인하고
자기 십자가를 지고 따라야 하네

자기를 부인한다는 것은
내 생각과 뜻을 내려놓고
하나님의 생각과 뜻대로 살아가는 것이라

사람들은 할 수만 있다면
십자가 없는 삶을
꿈꾸기도 하지만
그러나 이것이 없이는
성화도 사명도 이룰 수 없네

고난 가운데 있는가
주님이 하실 일들을 기대하라

그때야말로
주님과 한 몸이 되는 시간이라

그때야말로
자기 십자가를 지고
주님을 따르는 시간이라

십자가는
나를 위해 숨겨둔
하나님의 최고의 병기

나를 향하신
비밀스런 사랑의 편지
크고 놀라운 선물이라

가지치기를 당할 때

너무 슬퍼하지 마십시오
너무 아파하지 마십시오
버려야
내려놓아야
새로운 생명을 얻을 수 있습니다

하나님에게는
당신을 향한 놀라운 계획이 있습니다
고난을 통해서만
아름답고 풍성한 열매가 맺어집니다

죽은 나무는 가지치기가 필요 없습니다
오직 살아 있는 나무만이
풍성하고 아름다운 열매를 바라며
가지치기를 합니다

하나님은 우리 모두가
각자의 터전 속에서
열매 맺기를 원하십니다

열매 맺는 자가
열매를 보면
그 나무가 어떤 나무인지 알 수 있습니다
예수님의 제자 되어
땅끝까지 나아가
하나님 나라를 전파할 수 있습니다

주님과 한 몸 되어
같은 마음
같은 뜻
같은 길을 갈 때
하나님이 원하시는
아름답고 풍성한 삶을 살 수 있습니다

그리스도인은

세상이 부러워하는
화려한 옷을 벗어버리고
십자가에서
예수 그리스도로
옷 입은 사람입니다

세상의 죄와 악을 떠난
복 있는 사람입니다

기쁠 때나 슬플 때나 평안할 때나
환난 중에도 한결같이
시냇가에 심은 나무처럼
삶이 빛나고 풍성한 사람입니다

척박한 세상에서도
한 줄기 빛과 소금으로 사는 사람입니다

삶에 깊이 뿌리를 내리고
좌우로 흔들리지 않는 사람입니다

남루한 옷을 걸치고 있어도
예수님의 향기로

모습이 아름다운 사람입니다

비천한 데 처해도
비굴하지 않고
두 눈이 별처럼
반짝이는 사람입니다

이 땅에 발을 딛고 살지만
두 눈은 언제나
돌아갈 본향
하늘나라만을
고대하며 사는 사람입니다

성령으로 충만하여
사명의 삶을 사는 사람입니다

시와 찬미로
항상 하나님을 찬양하며
오직 그분만을
영화롭게 하는 사람입니다

고난을 통해서

고난을 통해서
내가 더 주님을 찾고 구하게 되니
고난이 내게 빛이라

고난을 통해서
내가 더 주님을 의지하게 되니
고난이 내게 생명이라

고난을 통해서
내가 더 주님을 사랑하게 되니
고난이 내게 면류관이라

고난을 통해서
내가 더 주님을 찬양하게 되니
고난이 내게 영광이라

고난을 통해서
내가 더 주님의 마음을 헤아리게 되니
고난이 내게 은혜라

고난을 통해서
내 삶이 더 온전하게 되니
고난이 내게 소망이라

고난을 통해서
이 땅의 모든 것들을 배설물로 여기고
내가 더 하늘나라를 꿈꾸게 되니
고난이 내게 값진 보화라

고난을 통해서
내가 오늘도 다시 오실 주님을
간절히 기다리게 되니
고난이 내게 축복이라

그 십자가

이 세상 어디에 쉬운 삶이 있을까
그 누구도 실패와 좌절 없이 사는 이가 없네

맑은 날보다 흐린 날이 많고
물결이 잔잔할 때보다
파도치는 날이 많은 것이 인생이라

한 그루의 나무도 한여름의 폭염과
거친 폭풍우
한겨울의 북풍한설을 견디어야 하네

고통 없는 삶을 원하는가
그는 이미 죽은 자라

모두가 원치 않고
나만은 그토록 피하고 싶었던
예기치 않은 그 고난이
병든 내 몸을 치유하고
죽은 내 생명을 살리네

주님도
고난을 통해
하나님의 뜻 이루셨네

모두가 멸시하고 조롱하는
고통의 십자가에서
하늘 아버지의 뜻 이루셨네

그 십자가는
그분의 의도 인격도 죽이는
저주의 나무였네

그러나 그 십자가
죄와 사망에서 나를 건져낸
승리의 깃발 되었네

그 사랑과 은혜를
단 한시 동안도
결코 잊지 말아야 하네

나라고 하는 우상

수많은 사람들이
나라고 하는 금빛 우상을 만들어놓고
그것에 붙잡혀 살아가네

내 행복, 내 만족, 내 유익,
내 영광을 위해
금세 무너져버릴
금빛 모래 위에다
크고 거대한 바벨탑을 쌓고 있네

나의 신념과 나의 의,
나의 확신이라는
썩은 동아줄을 붙잡고
멸망의 종착역을 향해 질주하는 사람들
남의 상처, 남의 고통, 남의 슬픔 따위는
아랑곳하지 않고

오로지
더 높이
더 멀리
앞만 보고 달려가는 사람들

주님처럼
낮고
더 낮은 데로 내려가
주위를 돌아보며 살아갈 수는 없을까

내 뜻보다
하늘 아버지의 뜻을 먼저 구하는
주님과 같은 삶을
살 수는 없을까

세상의 대열에서 떨어져 나와
앞이 막막해질 때
그제야 비로소 위를 올려다보게 되니
이 또한
나를 향한
주님의 은혜 아니런가

네가 나를 사랑하느냐

부활하신 주님이
길을 잃은
베드로에게 찾아와 물으셨네
"네가 나를 사랑하느냐"

부활하신 주님이
실패한
베드로에게 찾아와 물으셨네
"네가 나를 사랑하느냐"

부활하신 주님이
통곡하고 있는
베드로에게 찾아와 물으셨네
"네가 나를 사랑하느냐"

주님은 오늘 나에게도 찾아와 물으시네
"네가 나를 사랑하느냐"
"네가 나를 사랑하느냐"
"네가 나를 사랑하느냐"

그 고통으로

사람들은
고통을 싫어하고
고통과 상관없는 삶을 살기 원하지만

고통 없이 사는 이는
세상에 아무도 없네

죄 없으신 예수님조차
고통스런 십자가의 죽음을 통해
영광의 길 걸어가셨네

그 고통으로
썩은 환부를 도려내고
죽은 몸을 다시 살릴 수 있네

가난 때문에
실패 때문에
질병 때문에
세상을 향하던 시선을
주님께로 고정시키고
목 놓아 주님 앞에 부르짖게 되니

고통은
내 생명을 살리는
하나님의 신비한 명약이라

누구도, 그 무엇도

I

사람들은
자기 의로
자신의 힘으로
무엇인가를 이루어보려고 하지만

하나님 안에서만
만날 수 있는 것이
인생이라

더디 가는 것 같고
돌아가는 것 같아도

십자가 위에
나를 못 박고
주님과 함께 걸어갈 때
만날 수 있는 것이
인생이라

지금
메마른 광야 길을 걷고 있는가

주님의 공급하심이 없으면
단 한 순간도 살아갈 수 없는
끝이 보이지 않는
망망대해 위에 있는가

그러나 좋은 때뿐 아니라
어려울 때도 변함없이
나와 함께하시는 분이 계시니
그가 바로
예수 그리스도라

II
세상을 살다 보면, 이처럼
깨어지는 아픔을 겪어야 할 때도
눈물의 강을 건너야 할 때도 오나니
그러나 때가 되면
어느 순간 안개가 걷히듯
이 또한 지나가기 마련이라

삶의 순풍과 역풍에도
다 그분의 뜻이 있고

삶의 행복과 고통에도
그분의 주권적인 섭리가 있으니

희망의 불꽃이 사라지는 때에라도
모든 순간
그분과 잇닿아 있는 우리를

그 사랑에서
그 은혜에서
누구도, 그 무엇도
결코
끊을 수 없네

고난 없는 영광이 없듯이

세상은 화려해 보이고
뒤쫓고 싶을 만큼 매혹적입니다

그러나 순간의 선택이
인생의 향방을 좌우합니다

영을 선택하느냐
육을 선택하느냐

순종과 불순종의 갈림길이
생명과 멸망으로
복과 저주의 길로 나눕니다

오직 하나님의 말씀을
마음과 뜻에 새기고
내 몸에 간직할 때
하나님의 거룩하심과 같이
거룩한 길로 나아가게 됩니다

고난 없는 영광이 없듯이
자기를 희생할 때
영원한 생명을 얻을 수 있습니다

십자가로 새 생명을 창조하신 주님께
우리의 마음과 시선을 둘 때

세상의 어떤 공격과 유혹에도
흔들리지 않고
굳건한 믿음으로
세상을 이길 수 있습니다

주님의 은혜라

세상에서 가장 귀한 것들은
거저 얻을 수 없듯이
하나님이 기뻐하시는
믿음을 얻기 위해서는
주님과 동행하는 훈련
기도하는 훈련
감사를 훈련해야 하네

주님 가신 길
나도 가야 하네
주님을 따르지 않고는
하늘로 오르는 길 없네

지뢰밭과 같은
위험한 인생길을 갈 때
세상이 줄 수 없는 평안으로
나를 채우시고
눈물을 찬양으로 바꾸시는 것이
주님의 은혜라

예기치 않은 일로
또다시 마음이 무너져 내릴 때

그때에도 언제나
놀라우신 주님의 은혜가
나의 길을 비추고
믿음의 계단을 하나씩 오르게 하네

훈련 받은 자만이

훈련 받은 자만이
위기의 순간을 돌파할 수 있는
바른 판단력을 가질 수 있네

훈련 받은 자만이
위험한 상황을
영적인 도약으로 바꿀 수 있네

훈련 받은 자만이
내 생명뿐 아니라
다른 이의 생명도
구할 수 있네

훈련 받은 자만이
거친 풍랑 속에서도
두려움 없이 항해하며
물 위를 걸을 수 있네

위기와 절망의 때에

위기와 절망의 때에
성도에게 필요한 것은
오래 참음과 기다림입니다
인내를 배운 성도만이
소망을 가질 수 있습니다

언제나 변함없이
나와 함께하시는 하나님을 신뢰하고
내 안에 기다림의 은혜가 있을 때
풍성한 삶을 살아갈 수 있습니다

다만 우리는 주님을 믿고 신뢰할지
아니면 세상의 힘을 믿고 따를지
스스로 결정하고 선택해야 합니다

완전하신 하나님께 나를 온전히 맡길 때
그분 안에 영원히 거할 수 있고
세상이 줄 수 없는
하늘의 참 평안을 누리게 됩니다

주님은
우리를 가난하게도 부요하게도 하시고
우리를 낮추기도 높이기도 하십니다

세상이 좋아서 세상을 선택하면
목마름이 끝이 없지만
전능하신 하나님을 택하면
더 이상 세상에 목마르지 않습니다
배에서 생수의 강이 넘쳐흐릅니다

흔들리고 방황하는 이 시대에
세상을 이길 진정한 힘은
하나님을 전적으로 신뢰하는
우리의 믿음에서 나옵니다

인생의 참된 안식은
말씀 앞에 겸손히 엎드리는
세상과 구별된
내 삶에서부터 시작됩니다

예기치 않은 일들 속에는

예기치 않은 일들 속에는
하나님의 값진 보화가 숨겨져 있습니다
예기치 않은 일들 속에서
하나님은 악을 선으로 바꾸십니다

예기치 않은 수많은 일들 속에서
하나님은
우리의 낙심된 마음을 일으켜
소망으로 굳건히 세우십니다

주님을 따르는 자에게는
우연한 일도
예기치 않은 일도 없습니다
모든 상황이
하나님의 섭리 가운데 이루어집니다

예기치 않은 일을 통해
그리스도의 군사로 훈련하시고
상황에 흔들리지 않는
굳건한 믿음으로 세우십니다

주님을 더 깊이 만나고
주님 안에서 참된 안식을 누리며
주님의 음성을 분명하게 듣고
주께로 더 가까이 나아가게 합니다

이제는 오직 믿음으로
세상과 구별된 삶을 살아갑니다
하나님과 친밀히 동행하는 자
주님을 따르는 자에게는
이렇듯
모든 것이 합력하여 선을 이룹니다

고난은 하나님의 섭리라

고난은 하나님의 섭리라

고난이 없이는
사랑할 수 없고
성화될 수 없고
사명을 감당할 수 없고

주님 만날 수 없고
주님과 친밀해질 수 없고
주님의 귀한 뜻 알 수 없고
주님의 말씀에 순종할 수 없고
주님의 마음 헤아릴 수 없네

고난을 통해
기꺼이
십자가의 길로 나아가고

그리스도의 군병으로
세상을 능히 이길 수 있네

하늘 영광을 바라보며

고난 없이는 영광도 없습니다
그러므로
주님이 주실
영원한 상급을 바라보며
날마다 믿음으로 정진해야 합니다

주님을
온전히 신뢰하며 갈 때
어떤 상황 속에서도
지치지 않고
길을 잃지 않고
가야 할 길을
담대히 걸어갈 수 있습니다

고난 없이는 영광도 없습니다
십자가의 길을 가지 않고
하늘 영광을 기대하지 마십시오

영적으로 깨어 있으라

불확실성의 시대
흔들리는 시대에
바른 진리를 붙잡지 못하면
세상 조류에 휩쓸릴 수밖에 없습니다

참 진리를 따르느냐
거짓된 길을 따르느냐
무엇을 선택하느냐에 따라
죽느냐 사느냐의 기로에 서게 됩니다

돌이킬 수 없는 길로 가지 않도록
막다른 길로 들어서지 않도록
생명을 걸고
참 진리를 붙잡아야 합니다

포기하지 않고
마귀와 대적하며
끝까지 십자가의 길을 가야 합니다

하나님이 주신
약속의 기업을 차지하고자 하는
강한 믿음이 있습니까

뒤로 물러나면
앞으로 전진하지 못합니다
보이지 않는 것을 바랄 때는
믿음으로 기다리고
순종으로 나아가야 합니다

세상에서는 실패했어도
영적으로 깨어 있다면
당신은 실패자가 아닙니다
영적으로 실패할 때
정말 실패한 것입니다

믿음의 눈으로

실패하게 하신 하나님의 뜻이 있습니다
시험을 주신 이유가 있습니다
눈앞의 현실에만 사로잡히면
현실 너머에서 일하시는
하나님의 큰 역사를 볼 수 없습니다

눈에 보이는 것이 전부가 아닙니다
절망적인 상황 속에서
하나님의 군대로 호위하고 계신
하늘의 불말과 불병거를
믿음의 눈을 열어
바라볼 수 있어야 합니다

영의 눈으로
하나님의 함께하심과
보호하심을 볼 수 있어야 합니다
그럴 때에 어려운 현실을
믿음으로 이길 수 있습니다

하나님이 우리에게 주시고자 하는 것은
재앙이 아니고
미래와 희망입니다

오직 하나님께만 시선을 고정시킬 때
이 고난의 때를
담대히 헤쳐나갈 수 있습니다

지금 우리가 해야 할 일은

I

하나님을
나의 욕구를 충족시키는 대상으로
전락시켜서는 안 됩니다

하나님을
나의 필요를 채워주는 도구로
이용해서는 안 됩니다

예수를 믿으면
모든 일이 잘될 것이라고 말하지만
우리는 하나님께
축복을 받을 수도
고난을 받을 수도 있습니다

하나님은
현세의 축복을 주실 수도
주지 않으실 수도 있습니다

이 땅에서 높아지고
성공하기 위해
신앙이 도구가 되어서는 안 됩니다

세상의 크고 높은 자리가
나를 구원해 주는 것이 아니라
섬김의 자리가
나를 구원합니다

사드락, 메삭, 아벳느고처럼
그리 아니하실지라도
하나님의 말씀대로 살아가는
절대 신앙이 필요합니다

II
하나님은
모든 상황을 선으로 바꾸시는 분이니
끝까지 그분을 신뢰하고
그분만을 따라가야 합니다

지금 우리가 해야 할 일은
예수님의 옷을 입고
하루하루
그 발자취를 따라가는 것입니다

감사할 일이 전혀 없어도
구원의 하나님으로 인하여
기뻐하고 감사하는
하박국 선지자의 고백이
나의 고백이 되어

어떤 상황 속에서도
기꺼이 십자가의 길을 가는 것이
하나님이 기뻐하시는
그리스도인의 삶입니다

믿음을 가질 때

I

믿음은
하나님의 전적인 은혜라

믿음은
인격적인 관계며
그분과의 친밀함이라

믿음은
새로운 모험이며
위험한 도전이라

믿음은
생명을 건 결단이라

믿음은
순간순간
하나님을 선택하는 것이라

믿음은
기도와 말씀을 통해
시험을 통해

주님과의 끊임없는 동행을 통해
점점 더 성장하는 것이라

II
믿음은
미래를 알 수 없지만
약속의 말씀을 붙잡고 가는 것이라

하나님은 오늘도
서두르지 않고 천천히
당신의 계획 속으로
우리를 이끌어 가시고
더 큰 믿음의 걸음을 걷게 하시네

믿음을 가질 때
용서할 수 없는 사람을 용서하고

믿음을 가질 때
골리앗과 같은 세상을 이기고

믿음을 가질 때
세상이 감당치 못할 사람이 되며

믿음을 가질 때
천국의 계단을 오를 수 있네

인생의 풍랑 가운데 있습니까

인생의 풍랑 가운데 있습니까
그렇다면
시선을 빼앗기지 마십시오

바라보는 것들이 너무 많아서
정말 보아야 할 것들을 보지 못하고
두 눈은 뜨고 있지만
영적 소경처럼 살아가고 있지 않습니까

주님께 두어야 할 시선을
세상 사람들처럼
재물과 성공과 쾌락에
빼앗기고 있지 않습니까

"환난 날에 나를 부르라
내가 너를 도우리라"

내 힘을 의지하면
흔들리는 울타리처럼
실패할 수밖에 없고

다른 사람을 의지하면
넘어지는 담처럼
금세 실망하고 낙심할 수밖에 없습니다

인생의 풍랑 가운데 있습니까
그렇다면
하나님을 바라보십시오
그분 안에 문제의 해결책이 있습니다

하나님을 의지할 때
세상의 거친 환난의 파도를
힘있게 헤쳐 나갈 수 있습니다

인생의 길

인생도
신앙도
쉬운 길은 없네
삶의 자동장치나
전자레인지로 손쉽게
만들어낼 수 없는 것

사람들은 보다 편한 길
넓은 길
지름길을 찾아 헤매지만
인스턴트 인생
인스턴트 신앙
인스턴트 제자 훈련
인스턴트 영적 성숙은 없네

속전속결로
하나님의 사명을 완수할 수 없고
바삐 서둘러서
거룩하게 될 수 없네

항상 그렇듯이
오랜 인내심이 필요하고
오랜 기다림이 필요하고
끊임없는 순종이 요구되네

성경 속 수많은 위인들의
삶이 그러했고
십자가의 은혜가 그러하듯이

기꺼이 생명을 드려야 하고
기꺼이 값을 치러야 하는 것이
하나님이 정하신
이 우주 법칙이라

하나님을 만나면

하나님을 만나면
인생이 바뀝니다

소망 없던 인생이
생명을 구하고 살리는
능력 있는 삶으로 변화됩니다

환경도
사람도
문제도 여전히 그대로일지라도
내가 바뀌니
내 마음에 천국이 임하고
다른 사람에게도
그 영원한 생명이 흘러갑니다

그래서 이제는
환경 때문에
사람 때문에
문제 때문에
넘어지지 않습니다
더 이상 흔들리지 않습니다

그럴수록 더 주님을 붙잡고
그럴수록 더 주님만을 붙들고

주님 가신
십자가의 길
사명의 길을
나도 묵묵히 따라갑니다

이제는 환경에 상관없이
세상에서 가장 행복한 사람이 됩니다
구원의 하나님이
언제나 나와 함께하시기 때문입니다

하나님을 만나면
이렇게 멋진 인생으로 바뀝니다

주님 안에서

갈 길을 찾지 못해서
마음이 불안하고
삶이 피곤합니까

길이요 진리요 생명 되신
주님께 나아오십시오
그분 안에
참된 안식이 있습니다

주님 안에 있으면
모든 것이 감사하고
더 이상
어떤 상황에서도 흔들리지 않습니다

하나님 안에
참 소망이 있기 때문입니다
환경을 초월한 참 평안을
주님 안에서
누리게 되기 때문입니다

그리스도 안에 있는 자에게는
이제 더 이상 절망이 없습니다

어떤 한계도 없습니다

주님이
십자가 위에서
인생의 모든 문제를 해결하셨습니다

죄의 문제, 질고의 문제
죽음의 문제를
다 처리하셨습니다

우리 앞에 천국의 문을
활짝 열어놓으셨습니다

주님은 지금도
당신의 문밖에 서서
당신을 기다리고 계십니다

주님의 음성을 듣고
문을 열면
당신도 주님 안에서
자유롭고 풍성한 삶을
누릴 수 있습니다

고난은 사랑입니다

고난은 사랑입니다
고난은 편지입니다
고난은 보화입니다
고난은 특권입니다
고난은 은혜입니다
고난은 부르심입니다
고난은 부활입니다
고난은 생명입니다
고난은 비전입니다
고난은 소망입니다
고난은 영광입니다
고난은 면류관입니다

더 큰 은혜 2

"사람이 감당할 시험밖에는
너희가 당한 것이 없나니
오직 하나님은 미쁘사 너희가 감당하지 못할
시험당함을 허락하지 아니하시고
시험당할 즈음에 또한 피할 길을 내사
너희로 능히 감당하게 하시느니라"
(고린도전서 10:13)

"우리가 환난 중에도 즐거워하나니
이는 환난은 인내를, 인내는 연단을,
연단은 소망을 이루는 줄 앎이로다"
(로마서 5:3-4)

하나님의 고난

나의 고난이
그분의 고난 되었네

내 눈물이 그분의 눈물 되고
내 아픔이 그분의 아픔 되고
내 십자가 그분의 십자가 되었네

나를 향하신
한결같은 그 사랑이
죄 없으신 아들을
저주의 나무에 못 박았네

나보다도 더 아프게
나의 고통과 수치를 견디신
나의 주, 나의 하나님

이제는
주님의 눈물이 내 눈물 되고
주님의 마음이 내 마음 되게 하소서

목숨조차 아끼지 않고
살과 피를 기꺼이 내주신
애끓는 그 사랑

이제는 영원한
내 노래되기를 간절히 기도하네

예수 그리스도

세상에서 가장 아름다운 이름
탄식을 찬양으로 바꾸시는 분

마음이 상하고 낙심된 자를
따스하게 안으시는 이름

인생의 광풍 앞에서 흔들리며
소망의 이유를 잃어버린 자에게 찾아와

두려움의 옷을 벗기고
믿음의 갑옷으로 입히시는 분
메마름을 풍성함으로 채워주시는 분

세상을 이길 가장 강력한 능력
그 이름
예수 그리스도라

베들레헴 말구유에

I
사모하고 기다리는 자만이
사무치게 그리워하는 자만이
볼 수 있고
만날 수 있다고 했지

태초의 말씀이
고요한 빈 들판 위에
푸른 밤하늘에
맑고 환한 별 하나로 걸렸네

골짜기들을 다 메우고
크고 높은 산들을 낮추고
구부러지고 험한 길을 곧게 펴
베들레헴 말구유에
빛나는 별 하나
온 세상을 환히 비추네

하나되지 못한 마음
교만한 마음
상처받은 마음
미워하고 시기하고

탐욕으로 가득 찬 마음들을
치유하고 회복하기 위해
새 생명의 씨앗으로
아기 예수
이 땅에 오셨네

II
죄로 인해 캄캄해진 세상을
은혜의 빛으로 밝히고
편견과 왜곡의 가시덤불 속에서
고통으로 신음하는 이들을 위해
예수 그리스도
이 땅에 오셨네

광야 같은 세상에서
스치는 한 줄기 바람에도
금세 마음이 무너지고 흔들리는
우리 인생 가운데
빛으로 찾아오신 주님

새벽에 내려주시는
이슬 같은 은혜를
이 여린 꽃대에 담아
온 천지에 향기로이 펼치게 하소서

혹한의 겨울
당신이 달아주신
믿음과 소망의
새하얀 나래를 펴고

마지막 피 한 방울까지
아낌없이 쏟아주신
한없는 그 사랑을
하루하루
온몸으로 살아내고
전하게 하소서

주 예수 그리스도뿐이라

나의 부패한 몸과 마음을
정결케 해주실 분은
주 예수 그리스도뿐이라

절망의 땅
어둠의 땅
눈물의 땅을 기경하여
생명의 빛으로 나아갈 길은
오직 주 예수 그리스도뿐이라

걱정과 근심의 베옷을 벗어버리고
감사와 소망으로
세마포 옷을 입고 살아가는 비결은
주 예수 그리스도뿐이라

외식과 위선으로
삶을 아름답게 포장하고
적당히 나를 감추거나 과시하려는
죄의 은밀한 유혹을 떨쳐낼 수 있는 길도
오직 주 예수 그리스도뿐이라

겉치레를 벗어버리고
외모보다 내면을 살피며
경건의 능력을 갖춘 자로 살아가는
유일한 길도
주 예수 그리스도뿐이라

변두리 인생
실패한 인생
어둠 속에 갇혀 지내는 인생
아무런 희망 없는 자들에게 찾아와
영원한 생명의 씨앗을 뿌려주신 분
그 이름
주 예수 그리스도라

믿음이 무너지면

믿음이 무너지면
모든 것이 무너집니다

깨어 있지 않으면
모든 것이 순식간에 허물어집니다

그래서 날마다 정신을 차리고
근신하여 기도해야 합니다
죽기까지 주님을 따르리라 호언하던
베드로가 그랬고
믿음의 선진들도 그랬습니다

누구나 할 것 없이
입으로 장담하는 신앙은
쉽게 죄의 올무에 걸립니다

매 순간 기도와 말씀으로
깨어 있을 때
주님과 동행할 수 있습니다

베드로처럼
멀찍이 떨어져서 주님을 따른다면

안전하다고 생각하는
그 거리만큼
죄의 유혹에 넘어질 것입니다

죄

숨기거나 모르는 체하지 말고
솔직하게 고백해야 합니다

부끄러워하거나 피하지 말고
용기 있게 그분 앞에 서야 합니다

나를 변명한다고
문제가 해결되지 않습니다

아무 일도 아닌 것처럼
그냥 지나치게 하는 것이
사탄의 간계입니다

주야로 말씀 앞에
내 모습을 비춰봐야 합니다

있는 모습 그대로
정직하게
주님 앞에 설 때에

죄로 얼룩진
내 마음을 들여다볼 수 있고
회개의 자리로 나아갈 수 있습니다

깨끗한 심령 속에
성령 하나님이 거하시고
그럴 때
그분의 음성을 듣게 됩니다

인생은 그날이

우리가 나그네로 있을 때를
두려움으로 지내게 하소서
인생은 그날이 풀의 이슬과 같고
그 영화는 풀의 꽃과 같다고 했습니다

인생은 잠깐 보이다가 사라지는
아침안개와 같이
주어진 시간이 그리 많지 않습니다

그렇게 허망한 인생이지만
이 세상을 창조하신 하나님을 경외하며
그분의 뜻대로 살아갈 때
질그릇같이 연약한 육체 안에
귀중한 보화가 담깁니다

육체의 이기심과
탐욕의 자아를 깨트릴 때
그때야 비로소
하나님이 일하시기 시작합니다

우리는 이 세상에서
순탄한 성공을 기대하지만

하나님이 바라시는 건
내 뜻대로 일이 되지 않아도
그분을 향한 소망과
감사와 믿음을 거두지 않는 것입니다

이 세상은 영적 전쟁터입니다
눈에 보이지 않지만
지금 이 시간에도
공중의 권세 잡은 악한 영들이
우는 사자와 같이
두루 다니며
삼킬 자를 찾고 있습니다

이때 우리가 할 수 있는 일은
오직 주님과 한 몸이 되는 것입니다

하나님의 전신갑주를 입고
성령의 검으로
순간순간 다가오는
악의 유혹과 피 흘리기까지
싸워 이겨나가야 합니다

갈망하게 하소서

나로 하여금 매일
거룩한 갈망을 갖게 하소서

주님을 향한 갈망
기도의 자리
예배의 자리
말씀의 자리를 찾는 갈망이
내 안에 항상
샘처럼 솟아나게 하소서

하루하루
주님과 풍성한 교제를 누리며
육체의 안일보다
영적 성숙을 위해
십자가의 좁은 길을 택하게 하소서

어제보다 오늘 더
오늘보다 내일 더
주님을
더 뜨겁게
갈망하게 하소서

승리의 개가

I

하나님은
두 마음으로 나누인 충성은
받지 않으십니다
세상과 더불어 살면서
그분과 함께 살 수는 없습니다.

생명을 얻기 위해서는
먼저 잃어야 한다고 말씀하십니다
갈보리 언덕까지
자기 십자가를 지고
예수님을 따르는 삶을 살아야 합니다

그러기 위해서는
내 마음 상태를
수시로 점검해 보아야 합니다
내 안 깊은 곳에
교만한 마음과
이기적 동기가 숨어 있지는 않은지

하나님이 기뻐하시지 않은
말과 행동을 하고 있지 않은지

하나님의 뜻이 아닌
내 뜻을 고집하며 살고 있지 않은지

하나님의 말씀 앞에 돌아와
삶을 다시 곧추세워야 합니다
흠 없는 온전한 제물로
나를 주님께 올려드려야 합니다

II
내 욕망과 정욕대로
세상을 따라가던 옛사람을 벗어버리고
새사람으로 옷 입고
예수님만을 따라가야 합니다

이익을 탐하는 자는
자기 생명을 잃게 된다고 했으니
탐욕의 길로 나아가
돌이킬 수 없는
파멸의 늪에 빠지지 않도록
이기적인 자아를 경계해야 합니다

죄로부터
자신으로부터
세상으로부터
나를 지키기 위해서는
육체로부터
매 순간 돌아서는 결단이 필요합니다

가루 한 움큼만 가지고도
하나님의 선하심을 기억하고
하나님을 신뢰하는 자가
이 땅에 기적을 일으킬 수 있습니다

빛 되신
예수 그리스도를
가슴에 뜨겁게 품고 사는 자가
이 세상 질곡의 사슬을 끊고
승리의 개가를 부를 수 있습니다

인생의 풍랑 속에서

I

인생의 풍랑 속에서
가던 길을
멈추지 않게 하소서

인생의 풍랑 속에서
나는 죽고 오직
예수 그리스도로만 살게 하소서

인생의 풍랑 속에서
죄 문제를 해결할 길은
오직 주님께 있음을 알고
나의 연약한 육체 안에
당신의 은총을 담게 하소서

인생의 풍랑 속에서
내 마음의 견고한 진들을
깨트려 주시고

인생의 풍랑 속에서
생수의 근원 되시는 주님을
발견하게 하소서

인생의 풍랑 속에서
삶의 기초를
말씀에 깊이 뿌리 내리고
이제는 결코
흔들리지 않게 하소서

인생의 풍랑 속에서
주님의 인도하심에
내 삶의 보폭을 맞추게 하소서

인생의 풍랑 속에서
가야 할 길이 더욱 선명히 보이고
주님께로 더 가까이 나아가게 하소서

II
인생의 풍랑 속에서
마른 땅을 적시는
성령의 단비 같은
당신의 은혜를 매일 맛보게 하소서

인생의 풍랑 속에서
눈에 보이는 것이 전부라고 말하는
세상을 향해 소리 높여
보이지 않는
당신의 손길을 외치게 하소서

인생의 풍랑 속에서
나의 한숨은 노래가 되고
나의 눈물은 춤이 되게 하소서

인생의 풍랑 속에서
내가 가는 길이 때로는
지연되고 돌아가는 것 같아도

주님과 함께 가는 이 길이
가장 안전하고
하나님의 시간표대로 가는
지름길임을 깊이 깨닫고
감사하게 하소서

인생의 풍랑 속에서
주님 만날 날이
어제보다 오늘 더
가까워졌다는 것을 기억하게 하시고

인생의 풍랑 속에서
주님과 동행하는 이 기쁨을
날마다 누리게 하소서

광야에 홀로 있는 시간에

광야에 홀로 있는 시간에
십자가의 주님을 만나네
하나님 앞에 홀로 있는 시간에
진정한 구원의 기쁨을 누리네

메마른 광야에서
주님이 공급하시는
은혜의 손길을 체험하네

적막한 광야에서
인간의 끝이 하나님의 시작임을
알게 하시네

의지할 데 없는 광야에서
주님만을 바라보는 훈련을 하고
거친 광야에서
감사의 찬송을 부르게 하시네

주님께서 친히
앞이 보이지 않는 길을 열어
구름 기둥과 불기둥으로 인도하시고

험한 여정 중에 만나는
사나운 대적들과 맞서 싸우시네

그 길을 가며 내 심장에
십자가의 흔적이 새겨지고
정금과 같은 믿음으로 단련되어
하나님의 군사로 세워지니

그러므로 너를 낮추시고
주리게도 하시며
광야 길을 걷게 하신
하나님께 감사하라

너는
광야에 있기를 두려워 말라
광야에 홀로 있는 그 시간에
영광의 주님을 뵈옵게 되네

예수님이 내 삶에 오셔야

예수님이 내 삶에 오셔야
소망이 있습니다

예수님을 믿고 따른다고 하면서
여전히 내 자아가 주인이 되고
세상과 적당히 타협하며
죄의 종노릇 하는 모습으로는
그 나라에 들어갈 수 없습니다

하나님의 인애와 공의가 설 자리에
불의가 주인 행세를 하며
비뚤어진 편견과
오해로 인한 비판들이
우후죽순 무서운
독버섯처럼 자라고 있지 않습니까

주님이 내 안에 들어오셔야
내 마음이 변화됩니다
주님이 나를 다스리셔야
내 삶이 새로워질 수 있습니다

세상 풍조와 가치를 따라가다 보면
결국은 실패할 수밖에 없지만
죽기까지 죄와 싸우며
믿음으로 정진할 때
마침내 승리할 수 있습니다

세상에서 가장 값진 일

복음을 전하는 일은
주님이 부탁하신 일이고
지엄한 명령이니
그리스도인이라면
누구나 전도인의 삶을 살아야 합니다

이 명령을
뼈에 새기고
가슴에 새겨서
주님 앞에 서는 그날까지
온 생명을 바쳐
복음에 헌신해야 하는 것이
그리스도인의 삶입니다

훈련 받은 좋은 병사처럼
법대로 경기하는 선수처럼
풍성한 수확의 기쁨을 바라보며
수고하는 농부처럼
인내로써 복음에 헌신해야 합니다

세상에서 가장 값지고
천사도 흠모하는

복음 전하는 일에
나의 생명을 기꺼이 드려야 합니다

하나님이 부르시는 그날까지
힘을 다해
이 길을 갈 때
마침내 하늘의 별과 같이
빛나는 삶을 살게 됩니다

하나님, 감사합니다

I

가난한 이들의 고단한 삶을
당신의 마음으로 품을 수 있도록
나를 그곳으로 내려가게 하신
하나님, 감사합니다

질병으로 고통 받는 이들을 안고
목메어 울 수 있도록
나에게도 쓰라린 아픔을 주신
하나님, 감사합니다

삶의 희망을 잃어버린 이들을
가슴에 끌어안고
엎드려 기도할 수 있도록
나를 삶의 벼랑 끝에 세우신
하나님, 감사합니다

근심과 걱정으로
잠 못 이루는 이들을 품에 안고
눈물로 기도할 수 있도록
내게도 시험을 허락하신
하나님, 감사합니다

실패로 인해
길을 잃어버린 이들에게
진심 어린 위로로 다가서도록
내게도 그런 시련을 겪게 하셔서
인생의 쓴맛을 맛보게 하시고
눈물의 골짜기로 내려가게 하신
하나님, 감사합니다

Ⅱ
변화되지 않는 자녀를 바라보며
탄식하며 한숨지을 때
나도 하나님 아버지 앞에 선
심령이 강퍅한 자녀로서
내 모습을 돌아보게 하시고
하늘 아버지의 애타는 심정을
헤아려 볼 수 있게 하시니
하나님, 감사합니다

교만하고 고집 센 나를
끝까지 포기하지 않고
내 모습 그대로 받아주시며

수많은 날들을 기다려 주신
하나님, 감사합니다

진리를 모르는 이들에게
영생의 말씀을 증거하라고
내게 먼저 복음의 빛을 비춰 주시고
다른 이에게도
그 십자가의 도(道)와
생명의 은혜를 널리 전하는
사명자로 부르신
하나님, 감사합니다

광야와 같은 세상에서
파도처럼 밀려오는
수많은 문제들 속에서도
흔들리지 않도록
나를 굳건히 붙잡아 주시고
그 모든 난관을 헤쳐나가도록
내게 믿음을 주신
하나님, 감사합니다

하나님의 손길

인생의 광야 길을 걸어갈 때
하나님의 은혜의 손길을 만나게 하소서

인생의 풍랑 속에서
도우시는 하나님의 손길을 만나게 하소서

인생의 깊은 밤을 지날 때
하나님의 인도하시는 손길을 만나게 하소서

인생의 실패와 좌절 속에서
승리케 하시는 하나님의 손길을 만나게 하소서

인생의 폭풍우 속에서
하나님의 긍휼하신 손길을 만나게 하소서

두려움과 염려 가득한 인생길에서
때마다 성실하게 돌보시는
하나님의 사랑의 손길을 만나게 하소서

이렇듯 내 삶의 비탈길에서
피난처 되신
구원의 하나님을 만나게 하소서

하나님이 허락하신 이 하루도

하나님이 허락하신 이 하루도
인내와 기다림으로 채워나가게 하소서

하나님이 허락하신 이 하루도
열정과 사명감으로 채워나가게 하소서

하나님이 허락하신 이 하루도
사랑과 헌신으로 채워나가게 하소서

하나님이 허락하신 이 하루도
믿음과 소망으로 채워나가게 하소서

하나님이 허락하신 이 하루도
정직과 진실함으로 채워나가게 하소서

하나님이 허락하신 이 하루도
감사와 찬양으로 채워나가게 하소서

하나님이 허락하신 이 하루도
하나님의 꿈과 비전으로 채워나가게 하소서

하나님이 허락하신 이 하루도
눈부신 하늘 영광으로 채워나가게 하소서

하나님이 쓰시는 사람은

하나님이 쓰시는 사람은
뛰어난 능력과 재능을 가진 사람이 아니라
삶이 깨끗한 사람입니다

하나님이 쓰시는 사람은
날 선 말로 무례하게 행하는 자가 아니라
온유하고 낮아진 마음으로
나보다도 남을 높이며
말씀대로 순종하는 사람입니다

하나님이 쓰시는 사람은
진리를 옳게 분별하여
어떤 상황 속에서도
주님이 부탁하신 복음의 사명을
끝까지 감당하는 사람입니다

하나님이 쓰시는 사람은
이 세상의 가치관을 따르지 않고
세상을 거슬러 오르며
하늘 본향을 향해
거침없이 나아가는 자입니다

하나님이 쓰시는 사람은
사망의 골짜기를 지날 때
나는 죽고
예수 그리스도로 사는 사람입니다

그런 사람은
더러는 흔들려도
아주 넘어지지 않고
신실하신 주님만을 붙잡고
인내로써 담대히 나아갑니다

광야의 삶을 통해

광야의 가시떨기처럼
나는 보잘것없지만
주님이 내 안에 계시면
주님의 뜻 이루는
의의 도구가 됩니다

주님과 한 몸이 될 때
내 안의 끈질긴 대적
아말렉을 무찌를 수 있습니다

내 육체를 이길 힘은
오직 주님과 하나되는 것입니다

하나님과 우상
빛과 어둠은
결코 하나될 수 없습니다
하나를 택하면
다른 하나는 반드시 버려야 합니다

그리스도인은
순간순간 썩어질 것들을 버리고
영원한 것을 선택하는 사람입니다

광야의 삶을 지나며
내가 만들어갈
내 인생의 모습은

주님과 한 몸을 이루어
말씀에 즉각적으로 순종하고
끊임없이 거룩을 연습하는 것입니다

아무것도 없지만

이 땅에 발을 딛고 살지만
그의 두 눈은 항상
하늘나라에 고정되어 있습니다

마치 연어와 같이
본향을 향해 거침없이
세찬 물결을 거슬러 올라갑니다

한치의 주저함도 없이
오직 그 나라만 바라보며
꿈꾸며
푯대를 향해
쉼 없이 달려갑니다

이 세상에 발을 딛고 있지만
그는 더 이상
세상에 속한 사람이 아닙니다

가난하지만 가장 부요한 자요
아무것도 없지만
그 누구보다 가장 행복한 자입니다

더 큰 은혜

친밀한 교제를 통해서만
우리는
주님을 신뢰할 수 있습니다

주님과 하나될 때
혹독한 훈련도
넉넉히 견디고 이길 수 있습니다

주님은
고난의 풀무불 속에서
나의 더러운 옷을 벗기고
세마포 옷으로 갈아입혀 주십니다

어둠 속에서
빛으로 살아가는 법을
가르쳐주시고
앞장서 그 길로 이끌어 주십니다

그곳에서
찢기고 상한
몸과 마음을 치유하시고
내 영혼을 아름답게 빚어가십니다

더 큰 은혜로
더 큰 은혜로

잊어버리지 않게 하소서

I

어제 이룬 성취가
내 것인 양 교만하고
내 손에 쥔 것들을
하나님보다 더 의지하지 않게 하소서

이전에 살던 대로
쉽고 편한 길로
익숙한 길을 찾아가지 않게 하소서

믿음의 길은
때론 위험해 보이고
생명을 건 선택을 요구하지만
시험을 통해
성장해 가는 것이 믿음이라

고난보다 더 큰 위기는
기도하지 않는 것이라
하나님을 찾지 않고
그의 이름을 부르지 않는 것이라

II
주님의 뜻을 구하며
살아가는 것이
때로는 손해를 보는 것 같아도

하나님이 나의 왕 되시고
내 인생의 주인 되심을
한순간도 잊지 않고
주님이 다스리시는 삶을 살게 하소서

내 눈에 좋은 것이 아니라
하나님 보시기에
좋은 길로 인도하시고

하나님을 위한다는 명목으로
하나님을 나의 도구 삼고
나의 방법대로
나의 열심으로 살지 않게 하소서

항상 하나님의 뜻을 먼저 묻고
하나님의 방법대로 행하며

주님이
아니라 하시면
가지 않고 멈추는
결단력 있는 믿음을 갖게 하소서

고난은 하나님의 선물이라

고난을 두려워하지 마십시오
하나님은 감당할 만한
시험만 허락하십니다

그리스도인은
고난을 통해 거룩해지고
고난을 통해 의와 평강의 열매를 맺고
고난을 통해 삶이 치유되고 회복됩니다

하나님은
자기 자녀를 강하게 훈련하십니다

고난 앞에 더 이상
두려워하거나 무서워하지 마십시오
하늘 아버지께서 당신을
눈동자처럼 지키십니다

고난은 하나님의
축복의 선물입니다

고난을 통해
주님을 더 깊이 알아가고
주님을 더 뜨겁게 사랑하며
매일매일
주님과 동행하는 훈련을 합니다

그리스도인은 고난을 통과하며
이전보다 더
주님을 신뢰하고 사랑합니다

환난의 폭풍 속에서도

환난의 폭풍 속에서도
소망의 닻을 높이 올리고
마치 거친 파도 위를
서핑보드 하듯
담대히
이 믿음의 길을 오르게 하소서

주님의 시선이 멈추고
주님의 발길이 머무는
거룩한 삶을 살게 하소서

적막한 고요 속에서
주님과 더 친밀히 교제하게 하시고
의와 경건함으로
주님만을 따르게 하소서

빛과 생명과 사랑이신 주님을
더 깊이 알아가게 하시고
착함과 진실함과 거룩함으로
풍성히 열매 맺는 삶을 살게 하소서

주님과 동행할 때
어느 순간
생각지 않은 암초를 만날지라도
무서워하지 말고
생의 한계와
절망적인 모든 상황을 딛고
다시 일어서게 하소서

매일매일
하늘 소망으로
주님 뵈올 그날을 손꼽아 기다리며
끝까지 이 길에 완주하여
승리의 면류관을 쓰게 하소서

나그네 길을 가며

장막과 같은 이 세상을
영원히 살 것처럼 지내고 있지 않은가

잠시 머물다 갈
나그넷길을 가면서도
그림자와 같은 세상의 부귀영화
모래성처럼 순식간에 무너질
세상 권세를 부여잡고 있지 않은가

내일이 보장된 사람은 아무도 없네
그 누구라도, 오늘 밤
주님 오라 하시면
다 내려놓고 떠나야 하는 것이 인생이라

모든 육체의 생명은
먼지와 같고 안개와 같으니
죽음과 함께 다 사라질 것들을
목숨처럼
양손에 움켜쥐고 살아가는
어리석은 자가 되지 않기를

마침내
이 세상의 고생과 수고가 끝날 때
영원한 저 본향에서
기쁨으로 주님 만날 준비를 하는 자가
지혜로운 자라

세상 속에서
그리스도인의 재물관은 자족이며
그리스도인의 삶의 모습은
자기희생이라

예수님의 십자가의 길이
사랑의 길이었던 것처럼
나도 그 길을 따라가야 하네

하루하루
그분의 음성에 귀 기울이며
말씀에 순종하는 훈련을 통해서만
안전하게
저 천국까지 도달할 수 있네

죄의 누룩을 제거하라

죄의 누룩을 제거하라
죄의 작은 틈을 그대로 두면
나중에는
돌이킬 수 없는 상황이 되네

남이 모르는 비밀스런 죄가
내 안에서
소리 없이 자라지 않게 하라

부정적인 생각
교만한 마음
외식적인 태도
세상적인 삶의 모습들이
죄의 누룩이라

바늘구멍만한
아주 작은 죄의 틈이
어느 순간
댐이 터지듯
우리 인생을 파멸시키네

죄가 죄인 줄 모르고
사망 길로 치닫는 줄 모르고
모두가 가는
크고 넓은 길로 휩쓸리지 않도록

말씀의 거울 앞에
수시로 나의 모습을 점검하고
회개하고 돌이켜야 하네

금빛 우상을 버리라

전심으로 말씀을 지키고 있는지
하나님의 다스림을 받고 있는지
내 삶을 점검하게 하소서

나도 모르게
내 마음 깊은 곳에
금빛 우상을 만들어놓고
그것이 하나님의 자리를
차지하고 있지는 않은지

나의 업적과
영광과
번영을 위해
탐욕과 이기심의 도구로
하나님을 섬기고 있지 않은지

아론과 이스라엘 백성들처럼
금빛 우상을 만들어 놓고
그것을 마치 하나님인 양
섬기고 있지는 않은지

아하스가 하나님의 뜻을
성전 한구석에 밀쳐놓고
자기 생각과
자기 뜻
자기 보기에 좋은 대로
이방제단을 성소 중앙에 만들어놓았듯이

어리석게도
내 자아가
내 인생의 주인 되어
나의 신앙을 변질시키고
배교에 앞장서고 있지는 않은지

날마다 말씀 앞에 서서
나의 잘못된 행위를 고치고
돌이키게 하소서

주님과 함께한 시간만이

전심으로 말씀을 지키고 있습니까
매 순간 성령님의 다스림을 받고 있습니까
죄는 어떤 모양이라도
단호하고 지체 없이 버리고 있습니까

당신은 오늘도
생명을 다해
그분을 찾고 구하고 있습니까

하나님이 당신을 위해
목숨을 내어주셨습니다

당신을
죄와 사망에서 구하시기 위해
하늘 보좌를 버리고
이 땅에 오셔서
십자가에 달려 대속제물이 되셨습니다

그분이 바로
당신이 그토록 오래 찾아 헤매던
길이요 진리요 생명 되십니다

그러나
순종 없는 신념
순종 없는 사랑
순종 없는 믿음
순종 없는 소망
순종 없는 사명이
얼마나 헛된 일인지
당신은 알고 있습니까

하나님은 인격적인 분입니다
그분과 깊은 교제를 나누십시오
그분과 친밀한 관계로 들어가십시오

솔로몬이 술람미 여인을 사랑했듯이
술람미 여인이 솔로몬을 사랑했듯이
그렇게 주님을 만나십시오

주님과 함께한 그 시간들만이
당신의 인생을 헛되지 않게 하고
주님 앞에 설 때
그 일만 당신에게 남을 것입니다

무릎으로 가는 길 3

"우리가 아직 죄인 되었을 때에
그리스도께서 우리를 위하여 죽으심으로
하나님께서 우리에 대한 자기의 사랑을 확증하셨느니라"
(로마서 5:8)

"너희가 여러 가지 시험을 당하거든 온전히 기쁘게 여기라
이는 너희 믿음의 시련이 인내를 만들어내는 줄 너희가 앎이라
인내를 온전히 이루라 이는 너희로 온전하고 구비하여
조금도 부족함이 없게 하려 함이라"
(야고보서 1:2-4)

지성소로 들어가는 믿음

지성소까지 들어갈 수 있는
믿음 갖기 원하네

성전의 바깥뜰만 밟으며
성소만 들어가는 신앙이 아니라

주님을 눈으로 직접 뵈옵고
매일매일
주님 만나는 기쁨을
누리기 원하네

하나님 계신
지성소로 들어갈 때에야

나를 위해
생명까지도
아끼지 않고 내어주신
그 사랑
그 은혜
비로소 만날 수 있네

그 사랑으로

하나님은 사랑이시라
십자가 위에서
이 땅에 일으키신 놀라운 사랑
이 또한 하나님의 비밀이라

세상에서 가장 귀하고
빛나는 이름
예수 그리스도 그 이름 안에
놀라운 권세 있네

힘들어도
가야 할 길을 가고
있어야 될 자리를 지키며
감당해야 될 사명을 붙잡고
살아가게 하는 것이
십자가의 비밀이라

예수님이 그러했고
제자들과
믿음의 선진들의 삶이 그러했으며
이름 없이 이 땅에서 스러져간
수많은 성도들의 삶이 그러했네

그러므로 내 삶을 무너뜨리는
끝없는 교만과 탐심을 십자가에 못 박고
오직 예수 그리스도의
섬김의 발자취를 따라

누가 알아주지 않아도
묵묵이 십자가의 길을 따르며
온몸과 영혼을 다해
하나님을 사랑하고
이웃을 사랑하는 삶이야말로
우리가 끝까지 붙잡아야 될 사명 아니겠는가

그가 바로
예수 그리스도의 길을 가며
주님의 마음을 닮아가며
하나님의 뜻 가운데 사는 자니

주님이 그러셨던 것처럼
나도 마땅히
그 마음으로
그 마음으로
살아야 하지 않겠는가

행복한 동행자

자녀 때문에 눈물 흘릴 때
하늘 아버지의 상처로 짓이겨진
그 마음을
깊이 헤아려보게 하소서

물질 때문에
삶의 벼랑 끝에 서 있을 때
우리의 피난처 되시는
주님을 바라보게 하소서

질병 때문에
온몸이 가시에 찔리는 고통을 당할 때
십자가에 못 박히신
주님의 마음을
내 심장에 새겨주소서

사람들과의 어긋난 관계로
지쳐 주저앉아 있을 때
주님의 한없는 사랑을
내 안에 부어주소서

과거 말 못할 상처로
괴로워할 때
나의 수치를 가만히 덮어주시는
주님의 따스한 손길을 느끼게 하소서

죄로 인해 잠 못 이룰 때
나 때문에
십자가에 온몸이 찢기신
주님의 발아래 엎드리게 하소서

이제는
어떤 상황에서도 요동치 않고
오직 주님만을 손 붙잡고 가는
행복한 동행자 되게 하소서

내일은 없습니다

내일은 없습니다
그러므로
내일을 장담하지 마십시오

오늘 주님 안에 살아가는 자만이
내일을 살 수 있습니다

지금은
구원받을 때입니다
주님을 찾을 때입니다
엎드려 기도할 때입니다

하나님이 호흡을 거두어 가시면
우리 모두는
그분의 심판대 앞에 서야 합니다

그러므로 어서 속히
회개하고
주님 안에 거하십시오

인생이 자주 흔들리고
똑바로 걷지 못하는 이유는

내 안에
그리스도가 없기 때문입니다
성령으로
충만하지 못하기 때문입니다

오직 예수님 안에만
인생의 해답이 있습니다

주님께로 나아오십시오
내일은 없습니다
하나님은
지금 이 시간에도
당신을 간절히 기다리십니다

아직 우리에겐 소망이 있습니다

우리는 매일 새벽의 은혜를 구하지만
캄캄한 어둠 속의 은총도 있습니다

환난의 깊은 밤을 통과하며
고난이 아니면 만날 수 없었던 당신을
눈으로 뵈옵게 하신
하나님, 감사합니다

실패가 아니면 찾을 수 없었던
십자가의 사랑을 깨닫게 하시고
오직 당신만 바라보게 하신
하나님, 감사합니다

매일매일
고난을 이길 힘을 주시고
절망을 딛고 일어설 수 있는
담대한 믿음과 용기를
북돋아주신
하나님, 감사합니다

망망대해에
한 점 일엽편주가 되어 떠돌지라도
내 옷깃을 적시는
당신의 뜨거운 눈물이 있어서

험악한 이 세상 속에서도
아직 우리에겐
소망이 있습니다

그곳은

이 세상의 모든 것들은
잠시 잠깐이면 다 사라지고 마네
아침 안개와 같고
풀의 꽃과 같은 것이 인생이라

흐르는 강물처럼
지나가는 바람처럼
덧없이
곧 사라지고 마네

붙잡고 싶어도
붙잡을 수 없는 것이
가는 세월이라

빈손으로 왔으니
빈손으로 가야 하고
물거품과 같고
그림자와 같은 것이 인생이라

그러나 주님 안에 사는 자에게는
영원한 거처가 있으니
바로 천국이라

슬픔도 눈물도 근심도 없고
오직 기쁨과 평화와
사랑만 가득한 곳

하나님의 보좌로부터
맑은 생명수 강이
쉼 없이 흐르는 곳

거기가 바로
내 주님 계신 하늘나라
우리의 마지막 종착지라

주님 없이 살아가는 자는

주님 없이 살아가는 자는
헛된 인생을 사는 것입니다

주님 없이 살아가는 자는
소망 없는 인생을 사는 것입니다

주님 없이 살아가는 자는
길 잃은 인생을 사는 것입니다

주님 없이 살아가는 자는
살았다 하나
이미 죽은 자입니다

주님의 제자

세상에는 수많은 사람들이 있지만
주님께 택함 받은 자는 많지 않네

세상에는 수많은 주의 백성들이 있지만
주님을 따르는 제자는 많지 않네

세상에는 수많은 주의 자녀들이 있지만
주님의 뜻을 알고 행하는
주님 마음에 합한 자는 많지 않네

주님 마음에 합한
주님의 제자로 살기 원하는가

그렇다면
날마다 자기를 부인하고
주님 따라야 하네

자기 십자가를 지고
주님 따라가야 하네

주님이 주신 십자가
감사함으로 지고 있는가

주님의 남은 고난
지금 내 삶에 흐르고 있는가

그것 하나면 족합니다

주님을 뜨겁게 사랑하는 마음
그것 하나면 족합니다

주님을 뜨겁게 사랑하는 마음
그것 하나면 무엇이든 할 수 있습니다

주님을 뜨겁게 사랑하는 마음
그것 하나면 어디든 갈 수 있습니다

주님을 뜨겁게 사랑하는 마음
그것만이 주님께로 가는 길입니다

주님을 뜨겁게 사랑하는 마음
그것만이 사명을 성취하는 길입니다

주님을 뜨겁게 사랑하는 마음
나는
그것 하나면 족합니다

간구

남보다 더 가진 자가 아니라
남보다 더 나누는 자가 되게 하소서

남보다 더 높아지는 자가 아니라
남보다 더 낮아지는 자가 되게 하소서

남보다 더 강한 자가 아니라
남보다 더 약한 자가 되게 하소서

내가 이룬 작은 성취나 업적을
사람들이 알아주기 바라고
자랑하기보다

남루하고 비천한
내 인생 가운데 찾아오신
주님만을 자랑하게 하소서

당장은 손해가 나고 미련해 보여도
그것이 주님의 뜻이라면
즉시로 순종하는
행동하는 신앙을 갖게 하옵소서

말씀의 거울 앞에 수시로
나를 비추어보고
주님이 기뻐하시는
겸손하고 거룩한 삶을 살게 하소서

영적인 갈망

메마른 사막과 거친 광야에서도
용기를 잃지 않고
친히 길을 인도하시는
주님의 보호하시는 손길을
매일 경험하게 하소서

장애물을 뛰어넘는 믿음
한 번 더 기도하며
주님을 바라보는 믿음
포기하지 않고
끝까지 인내로써
믿음의 경주를 완주하는
영적인 갈망을 갖게 하옵소서

주님을 만나고자 하는 갈망
예배를 사모하는 갈망
기도에 대한 갈망
한 영혼에 대한 갈망
예수님의 마음을 닮아가고자 하는 갈망
사명을 완수하려는 갈망이
내 안에 항상 불일 듯 일어나게 하옵소서

그리하여 세상이 감당치 못할 사람
세상이 줄 수 없는
고요하고 넉넉한 삶을
매일
많은 이들과 더불어
나누고 누리게 하옵소서

변화되게 하소서

변화되지 않으면
성도가 아닙니다

변화되지 않으면
성령의 사람이 될 수 없습니다

변화되지 않으면
사명의 길을 갈 수 없습니다

변화되지 않으면
이 땅에 복음의 빛을 비출 수 없습니다

변화되지 않으면
세상에 빛과 소금이 될 수 없습니다

변화되지 않으면
하나님의 뜻대로 살 수 없습니다

변화되지 않으면
주님 걸어가신 길
걸어갈 수 없습니다

변화된 사람만이
이 세상을 바꿉니다

주님 안에서
내가 먼저 변화될 때
이 땅 위에 하나님 나라 이루어집니다.

삶의 길을 갈 때

세상은 끊임없이
내가보고 싶은 것만 보게 하고
듣고 싶은 것만 듣게 하며
향방 없는 길을 걷게 합니다

어디로 와서
어디로 가는지
무엇을 위해 살고 있는지
왜 사는지
삶의 진지한 질문에
조용히 귀 기울이지 못하게 합니다

가만히 눈을 감고
주님의 세미한 음성에
귀 기울여 보십시오

창조주 하나님의 음성을 듣게 될 때
바른 길
후회 없는 길을 걷게 되고
정글과 같은 이 세상을 헤쳐 나갈
하늘의 큰 능력을 얻게 됩니다

부르심을 받은 자

부르심을 따라
살아가는 사람은
성령님과 함께 생각하고 행동합니다
약속된 미래를 바라보며
뒤돌아보지 않고

말씀의 이정표대로
묵묵히 걸어갑니다

한치 앞이 보이지 않고
도처에 위험이 도사리고 있어도
무서워하지 않고
오직 그분만을 신뢰하고
앞으로 앞으로
나아갑니다

내 생각과 다르고
내 뜻과 달라도
그분의 방법과 과정을
전적으로 믿고 따릅니다

이것이 바로
부르심 받은 자의 삶입니다

새 일을 행하실 하나님

현재의 삶에 끌려 다니는 것이 아니라
영원에 붙들려 살게 하소서

잠시 후면 사라질 것들이 아니라
영원을 위해 살게 하소서
새 일을 행하실 하나님에 대한
기대와 설렘을 가지고
하루하루
성실과 거룩함으로
믿음과 사랑으로
남은 날들을 채워가게 하소서

내 인생이 난파되지 않도록
어서 속히
미지근한 신앙에서 걸어 나와
십자가의 길을 따르게 하소서

매일매일
경건의 능력으로
세상과 구별된 삶을 살게 하소서

주님과 함께

오랜 신앙생활과
말씀에 대한 깊은 지식
봉사와 섬김
교회에 대한 헌신
이런 것들이
내 신앙의 척도가 아니라

매 순간 주님과 친밀히 교제하며
주님께 길을 묻고
값을 치르더라도
기꺼이 그분의 발자취를 따라
십자가의 길을 걷는 사람

내 뜻을 꺾고
내 의를 내려놓고
내 고집을 버리고
내 상식을 뒤로 하고

주님의 뜻을 구하며
주님과 동행하는 자
매일 하늘의 문을 여는 자
그가
참 신앙인이라

나는 오늘도

최고의 헌신은
예수님의 제자가 되는 것이라

최고의 가치는
영원을 바라보고 살아가는 것이라

최고의 사랑은
내 목숨을 내어주는 것이라

최고의 믿음은
복음의 씨앗을 뿌리는 삶이라

최고의 신앙은
주님과 같은 방향으로 나아가는 것이라

나는 오늘도
이것을 위해
최선을 다하고 있는가

기꺼이
내 생명을 바치고 있는가

천국의 비밀

사모하지 않으면
볼 수 없고

사모하지 않으면
들을 수 없네

사모하지 않으면
찾을 수 없고

사모하지 않으면
만날 수 없네

천국은
좁고 협착한 길이라
생사를 건 자들만이 들어갈 수 있네

기도할 때

기도할 때
성령님의 음성을 들을 수 있고
말씀에 순종할 수 있네

기도할 때
하늘 아버지의 뜻을 알고
그 안에 거할 수 있네

기도할 때
맡겨주신 사명을
넉넉히 감당할 수 있고

기도할 때
악에 빠지지 않고
십자가의 길을 힘있게 갈 수 있네

불신앙의 누룩이
내 삶 가운데 퍼지지 않도록
말씀과 기도로
항상 깨어 있게 하소서

먼저 용서하라

너희 중에
죄 없는 자가
돌을 들어 치라

남의 눈의 티를 보기 전에
먼저
네 눈의 들보를 빼라

주께로부터 받은
사랑과 은혜를
결코 잊지 말라

십자가를 기억하라
십자가를 기억하라

너는
남의 눈의 티를 보기 전에
먼저
네 눈의 들보를 빼라

감사의 문을 열 때

내가 가진 소유와
내 환경과
나의 여건이
내게 만족을 주지 않습니다

감사의 문을 열 때
행복이 찾아옵니다

진정한 기쁨과 평화는
하나님 안에 있습니다

하나님의 얼굴은 언제나
마음이 겸손한 자
가난한 자
감사하는 자를 향해 비추고 있습니다

시간이 흐르면서
육의 눈은
점점 더 어두워져도
세상을 바라보는
영의 눈은
점점 더 밝아지기를 기도합니다

주님의 마음으로

주님의 마음으로
생각하고
주님의 마음으로
바라보고
주님의 마음으로
행동하게 하소서

하나님을 경외하는 삶은
이웃을 향한 섬김과 나눔으로
그 증거가 됨을
한시도 잊지 않게 하소서

말뿐인 신앙인이 아니라
내 삶 가운데
주님의 십자가 보혈
강같이 흐르게 하소서

낮은 데로
더 낮은 데로 내려가
마음을 낮추고

이웃과 더불어
살아가는 법을 배우게 하소서

주님이라면 어떻게 하실까를
먼저 생각하고
말씀에 즉각적으로
순종하며 살게 하소서

약속의 땅은

I

약속의 땅은
누구에게나 들어갈 기회가 있지만
아무나 들어갈 수 없습니다

순종하는 자에게만 허락된 땅이고
불순종하는 자는
메마르고 거친 광야를
끝없이 걸어가야 합니다

불순종이 부를 파멸을 피하십시오
하나님을 떠나면 결코
약속의 땅에는 들어갈 수 없습니다

먼저는 하나님이 하신 일들을 기억하고
매 순간 사력을 다해
그분을 찾고 구해야 합니다

내 힘으로는 아무것도 할 수 없으니
그분을 신뢰하며
믿음으로 힘차게 전진하십시오

내게 남은 생명의 불씨가
다 꺼지기 전에
빨리 회개하고 돌이켜야
파멸의 늪에서 벗어날 수 있습니다

우리가 살길은
절대 신앙
절대 순종 외에
다른 길은 없습니다

얼마나 오래 살고
언제 죽느냐보다
어떤 모습으로 살다 가며
하나님이 어떻게 평가하실지가 중요합니다

하나님을 떠날 때
헤어나올 수 없는
멸망의 구렁텅이에 빠져들 수 있습니다

II

벼랑 끝에 서 있습니까
그분께로 돌아와
말씀에 순종하십시오
그 길만이 살길입니다

순종할 때
하나님의 자비를 기대할 수 있습니다
그분께로 돌아오십시오

하나님 없는 평생의 수고와 고생은
다 헛되고 헛될 뿐입니다
내 인생의 결핍은
주님을 떠났기 때문에 온 것입니다

주님의 경고에 귀 기울이고
하나님께로 돌아오십시오
그분 안에
인생의 참 평안과
소망이 있습니다

상황을 돌파하는 믿음

가난 때문에 일어설 수 없습니까
질병 때문에 앞이 전혀 보이지 않습니까
하나님을 신뢰하는 믿음이
문제를 돌파하게 합니다

주님과의 친밀한 교제가
영적 전쟁에서 승리하게 합니다
전쟁은 하나님께 속한 것입니다

주님께 집중하는 믿음이
상황을 돌파하게 합니다

전쟁터 같은 세상을
이길 수 있는 힘은
상황에 흔들리지 않는
굳건한 믿음입니다

위기의 순간에도
원망과 불평을 거두고
말씀의 거울 앞에 서서
자신을 돌아보고
하나님의 은총을 구해야 삽니다

하나님의 백성은 돌아갈
영원한 본향이 있기에
어두운 현실에
낙담하고 절망하지 않습니다

도리어
가난 때문에
질병 때문에
아픈 가시 때문에
더 감사하고
온전한 삶을 살아갑니다

고난 속에서
주님을 더 찾고 구하며
주님과 친밀히 교제합니다

주님 안에 있을 때

우리는 다 죄인들입니다
그러나 주님 안에 거할 때
거룩하고 의로운 자가 됩니다

죄 많은 부족하고 연약한 자들이지만
하나님이 우리 안에 계실 때
인생의 걸작품이 됩니다

질그릇같이 보잘것없는 자들이지만
주님이 우리 안에 거하실 때
아름답고 영광스런 존재가 됩니다

이것은
나의 의 때문이 아니라
하나님이 값없이 주신
십자가의 은혜입니다

예수님을 마음에 영접한 사람은
하나님이 의로 인치셔서
주님께 합당한
거룩한 하늘나라 백성으로 살아갑니다

여호수아와 갈렙과 같이

여호수아와 갈렙과 같이
의심 없이
주님을 따르기 원하네
믿음의 눈을 열어
담대히 믿음의 말을 선포하고
믿음의 발걸음을 내딛기 원하네

영의 눈을 떠서
신실하신 주님을 바라볼 때
여호수아와 갈렙과 같이
담대히 믿음의 길을 걸을 수 있네

주님은 나의 욕구를 채우기 위해
구하는 대상이 아니라
약속의 말씀을 믿고
말없이 순종해야 될 분이라

이스라엘 백성은 열 번이나
하나님을 배반했지만
하나님은 광야 40년 동안
그들의 신발이 해어지지 않고
의복이 낡아지지 않게 하셨네

포도주와 독주를 금하시고
흠 없는 하나님의 백성으로
훈련시키고 돌보셨네

한없는 그 자비와 사랑이
오늘 우리에게도 증거가 되어
어떤 상황에서도
하나님만을 온전히 섬길 수 있는
여호수아와 갈렙과 같은
큰 믿음 갖기 원하네

그대로 거둡니다

악을 심는 자 악을 거두고
선을 심는 자 선한 열매를 거둡니다

우리가 이 땅에서 무엇을 심든지
그대로 거둡니다

그러므로 받는 즐거움보다
나누는 기쁨을 통해
세상의 썩어질 곳간이 아니라
하늘나라에 보화를 쌓는 자가
되어야 합니다

그곳은 좀이나 동록이 없고
아무도 도둑질을 못합니다
보물은 이 땅이 아니라
하늘에 쌓아두는 것이 안전합니다

주님의 마음으로
선을 행하는 자를
하나님께서 넘치도록 갚아주십니다

이 세상은
욕심과 갈등과 경쟁과 시기로
한시도 마음 편할 날이 없습니다

우리가 하늘나라에
소망을 두고 살아갈 때
이 세상의 가치관이 아니라
하나님 나라의 가치관으로
선하고 바른길을 갈 수 있습니다

이 세상은 잠시 잠깐이지만
하늘나라는 영원합니다

주님이 없이는

주님이 없이는
참된 사랑도
참된 안식도
참된 평화도
참된 기쁨도
참된 행복도
참된 소망도 없습니다

주님만이
우리를 만족하게 하시고
주님만이
우리 인생을 가치 있게 하시고
주님만이
우리 삶을 후회 없이 이끄십니다

세상이 부러워하는
모든 것을 다 가졌어도
거기에 주님이 빠졌다면
그는
허망한 인생을 살아온 것입니다

그러나
가진 것이 아무것도 없어도
남들이 다 멸시하고 조롱해도

당신이 주님 안에 있다면
당신은 세상에서
가장 부요하고 존귀한 자입니다

구원받은 사람은

구원받은 사람은
삶의 가치관이
보이는 것에서 보이지 않는 것으로
육적인 것에서 영적인 것으로 바뀝니다

구원받은 사람은
인생의 방향이
어둠에서 빛으로
불의에서 의로운 길로
사망에서 생명의 길로 완전히 바뀝니다

구원받은 사람은
죄인에서 의인으로
신분이 바뀌고

지옥에서 천국으로
거할 처소가 바뀝니다

구원받은 사람은
모든 관심사가
이제 더 이상

이 세상에 머물지 않고
하늘나라로 전부 옮겨집니다

그래서
환난 중에도 항상 기뻐하고
쉬지 않고 기도하며
범사에 감사하고
결코 소망을 잃어버리지 않습니다

그는 오늘도 변함없이
굳건한 믿음으로
주님과 함께 힘차게
하늘 문을 향해 달립니다

하나님을 떠난 인생은

I

하나님을 떠난 인생은
그 어디에서도
진정한 행복을 만날 수 없습니다

이것은 창조 이래
결코
변하지 않는 절대 진리입니다

주님이 나의 왕이 되어
내 삶을 다스리고
나의 주인 되심을 받아들일 때

세상이 줄 수 없는
하늘의 참 평안이 찾아옵니다

II

말씀에 순종할 때
변화가 일어납니다

변화 없는 믿음은
참 믿음이 아닙니다

성령이 우리 안에 거하시면
필연적으로
변화가 일어납니다

부패한 옛사람을 벗어버리고
의의 새 사람으로 옷 입게 됩니다

그런 사람은 이제
하나님이 기뻐하시는 일만 하고
오직 하늘에 소망을 두고 살아갑니다

목숨 걸고 지켜야 할 것들

더 이상 염려하지 말고
계속 인내하며 고난을 이기십시오
세상의 멸시와 조롱을 견디십시오
감사와 기쁨으로 선을 행하십시오

주님이 먼저
그 길을 걸어가셨습니다

그리스도인으로서
긍지와 자부심을 가지고
용기 있고 의연하게
세상의 악한 영들을 대적하십시오

천지만물을 창조하시고
역사의 주관자 되신
하늘 아버지가 우리와 함께하십니다

나의 거룩함의 근원은
골고다 언덕에서 흘리신
주님의 보혈을 의지합니다

그러므로
우리는 이 땅을 살아가는 동안
끊임없이 육체의 소욕과 싸우며
아무 공로 없이 거저 받은
영원한 생명을
목숨 걸고 지켜내야 합니다

그렇지 않으면
술 취함과 방탕함과
생활의 염려로
심판의 그날이
덫과 임할 것입니다

크고 좋은 소식을

크고 좋은 소식을
혼자만 알고 있지 않습니까

내가 받은 구원
내가 받은 은혜
내가 받은 용서
내가 받은 사랑
내가 받은 영원한 생명은
주께서 값없이 주셨으니

이 사랑을
나도 다른 사람들에게 마땅히 전해야 하네

빚진 자의 심정으로
산을 넘고 바다를 건너
이 복된 소식을
널리 널리 전파해야 하네

이 은혜를 먼저 받은 것은
나로 하여금
그 기쁜 소식을

강같이 흘려보내라는
주님의 명령임을 잊지 말아야 하네

수가 성의 여인처럼
크고 좋은 소식을
내가 만나는 모든 이들에게
힘을 다해 외쳐야 하네

신부가 신랑을 기다리듯
다시 오실 주님을 간절히 기다리며
머뭇거리지 말고
힘을 다해
믿음으로
오직 믿음으로
이 길을 가야 하네

그 안에 계시기에

그리스도인은 말과 행동에
의롭고 정직한 모습으로 살아갑니다

썩고 냄새 나는 부패한 마음을 가진
옛사람을 벗어버리고
심령이 새롭게 된
새사람을 입었기에
하나님의 성실하심과 인자하심을 따라
신실하게 살아갑니다

빛 되신 예수님이 그 안에 계시고
거룩하신 성령님이 그 안에 거하시기에
이제 다시는 어둠 속에 홀로 있지 않습니다
거짓된 삶을 청산하고
더 이상 죄의 종노릇 하지 않습니다

빛과 어둠은 함께할 수 없듯이
주님이 가는 곳마다 악한 영들이 쫓겨갑니다

예수님 안에 있는 자
성령님이 그 안에 거하는 자는
항상 빛 가운데 정결하게 살아갑니다

새 사람으로 옷 입으라

옛사람을 벗어버리고
새사람으로 옷 입게 하소서

옛사람의 성품인
교만, 탐욕, 분노, 거짓, 두려움,
비판, 방탕, 시기심, 미움을
벗어버리고

새사람의 성품인
사랑, 겸손, 감사, 거룩함, 화평,
친절, 긍휼, 인내, 절제로
옷 입게 하소서

언제 어디서나
주님의 마음으로 생각하고
주님의 마음으로 행동하고
주님의 마음으로
내가 만나는 모든 사람을
섬기게 하소서

주님이라면 어떻게 하실까를
먼저 생각하고
낮은 자리로 내려가
주님과 동행하게 하소서

주님은
고통과 치욕의 십자가 위에서
영원한 하나님 나라를 세우셨습니다

그 은혜와 사랑을
단 한시도 잊지 않고
나도 그 길을 가게 하소서

예수님과 하나되어

I

예수님과 하나되어
사탄 마귀가 건들이지 못하는
존귀한 자녀 되었고

예수님과 하나되어
이 세상에서도
아름다운 천국을 누리며 살아갑니다

그러므로 당당히 걸으십시오
가진 것이 없다고
남이 모르는 말 못할 고민으로
밤새워 괴로워하지 마십시오

자신을 들여다보며
실망하지 않을 사람이
누가 있겠습니까
사탄 마귀의 참소를 이기십시오

이 세상은
내가 가진 것으로 나를 평가하고
끊임없이 다른 이들과 비교하며

마음을 주눅 들게 하고
열등감에 빠지게 하지만

하나님 나라 백성은
이 땅의 가치관을 배설물로 여기고
천국 백성답게
하나님의 자녀답게
당당하게 살아갑니다

II
악한 영들은 오늘도
나를 정죄하며 죄책감을 갖게 하고
보이는 세상이 전부인 양
나를 죄 가운데로 유혹하고
새로운 문제를 주어
내 걸음을 실족시키려 하지만

예수님과 하나되면
이젠 그 누구도 나를 어쩌지 못합니다

나는 한 점 먼지와도 같으니
하나님이 만드신 시공간 속에

잠시 잠깐 머물다 가는
아침안개와도 같음을
한시도 잊지 말아야 합니다

하나님이 오라 하시면
다 내려놓고
곧바로
그분 앞에 서야 될 존재가
바로 나입니다

더 이상 메마름이 없는 곳
그 풍성한 하늘나라를 준비하며
사는 곳이 이 땅의 삶이니

두려워하지 마십시오
무서워하지 마십시오
성령님이 항상 우리와 함께하셔서
새 노래를 부르며
끝까지
이 길을 달려가게 하실 것입니다

주는 나의 노래

주
는
나의 기쁨
주는 나의 소망
주는 나의 모든 것
주는 나의 비밀한 정원
주는 내 영원한 노래
주는 나의
끝없는
사
랑

신영미 시집

하나님의 고난

2018년 10월 5일 인쇄
2018년 10월 6일 발행

지은이 신 영 미
펴낸이 신 용 호
펴낸곳 창조문학사

서울 서대문구 홍은동 397-26 동천아카데미 5층
등록번호 제1-263호
전화 374-9011, Fax 374-5217
공급처 한국출판협동조합 전화 716-5616~9

값 10,000원
ISBN 978-89-7734-599-7